8° E 235

AF472846

S 150 928

PRINCIPES
DU
DROIT NATUREL.

Par M. BURLAMAKI.

Prix 18 sols broché.

A PARIS.

Au Palais de l'Union, ci-devant Palais-Royal.

Et se trouve

Chez tous les Marchands de Nouveautés.

1791.

PRINCIPES DU DROIT NATUREL.

INTRODUCTION.

§. 1. LE *Droit*, est la Volonté connue d'un Supérieur, à laquelle ses Inférieurs sont tenus de conformer leurs actions morales.

Cette Volonté restreinte à un seul objet porte le nom de *Loi*. L'obéissance à la Volonté souveraine s'appelle *Justice*.

§. 2. Les Hommes ne peuvent pas vivre sans Loix.

§. 3. Ce besoin suppose un Législateur universel, qui ait le droit de commander à tous les hommes, sans distinction de rang & de puissance.

§. 4. Il en résulte que la Divinité est la source originaire de tout droit & de toute justice.

§. 5. Les Loix émanées de Dieu forment le *Droit divin*, par oppoſition aux Loix humaines.

§. 6. Le Droit divin eſt ou *Poſitif* ou *Naturel.*

§. 7. On appelle Droit divin *Poſitif*, celui que nous connoiſſons par la *Revelation.*

§. 8. Il eſt *Univerſel* & *Perpétuel*, ou *Particulier* & *Temporaire.*

§. 9. Le Droit divin *Naturel* eſt celui que nous connoiſſons par les lumieres de notre raiſon.

§. 10. Il eſt *Univerſel* & *Perpétuel*, comme la raiſon ſur laquelle il ſe fonde.

§. 11. Le Principe général, qui ſert de baſe à tous les Préceptes du Droit naturel, a pour objet *la plus grande perfection des hommes.*

§. 12. Le Droit naturel conſidere les hommes dans trois états différens :

I. Le premier eſt celui de l'homme ſauvage, ou l'*état de nature.*

II. Le ſecond repréſente l'homme vivant en ſociété ; c'eſt l'état du *Citoyen.*

III. Le troiſieme oppoſe une grande *Société* à une autre ; c'eſt l'état des *Nations.*

§. 13. D'après ces trois rapports on diviſe le Droit naturel en trois parties :

La premiere nous enſeigne les devoirs de l'*Homme.*

La seconde nous apprend les devoirs du *Citoyen.*

La troisieme nous fait connoître les devoirs *des Nations* entr'elles.

§. 14. La premiere partie forme le *Droit de nature proprement dit.*

La seconde, c'est le *Droit public universel.*

La troisieme est appelée le *Droit des Gens.*

LIVRE I.

PRINCIPES DU DROIT DE NATURE.

CHAPITRE I.

Des devoirs de l'homme envers Dieu.

§. 1. LE Droit de Nature proprement dit considere l'homme dans l'état de liberté naturelle.

Cet état est celui d'une solitude absolue, sans liaison, sans société, sans dépendance.

§. 2. Les devoirs attachés à cet état, se rapportent, les uns *à Dieu*, les autres à *nous-mêmes*, & d'autres encore au reste du *Genre humain.*

§. 3. Les devoirs que nous avons à remplir envers Dieu, forment l'objet de la *Religion naturelle.*

§. 4. Celle-ci nous apprend qu'il n'y a qu'*un* Dieu fouverainement bon, doué de toutes les perfections poffibles, Créateur de l'univers & gouvernant la deftinée d'un monde entier & celle de chaque homme en particulier avec la même fageffe, les mêmes foins & la même puiffance.

§. 5. Elle nous prefcrit d'honorer ce Dieu unique, de l'aimer, de placer en lui toute notre confiance.

L'honneur eft dû à fes perfections, un amour plein de reconnoiffance à fes bienfaits, la confiance la plus étendue à fa providence.

§. 6. L'honneur qu'on rend à Dieu s'appelle *Culte.*

§. 7. La néceffité d'un culte extérieur peut être démontrée par le Droit de nature.

§. 8. L'athéifme, le blafphême & la fuperftition font également contraires au Droit de nature.

L'athéifme nie l'exiftence d'un Dieu unique; le blafphême attaque fes perfections; la fuperftition fe révolte contre fa providence.

CHAPITRE II.

Des devoirs de l'homme envers ſoi-même.

§. 1. L'amour de ſoi-même eſt de droit naturel : il ſe démontre en partie par l'inſtinct invincible qui en eſt gravé dans nos cœurs, & en partie par l'obligation qui nous eſt impoſée d'aimer les autres hommes.

§. 2. Le premier devoir qui réſulte de l'amour de ſoi-même, c'eſt que l'homme doit veiller à ſa propre conſervation.

Dieu nous a donné l'être ; il nous a donné les moyens de le conſerver : donc il veut que nous nous occupions de notre conſervation.

§. 3. Le ſecond devoir inſéparable de l'amour de ſoi-même, c'eſt que l'homme doit travailler à acquérir toutes les perfections dont il eſt ſuſceptible.

Dieu nous a donné la perfectibilité, un deſir inné de nous perfectionner, & les moyens de parvenir à ce but eſſentiel de notre exiſtence : donc il veut que nous tâchions ſans ceſſe d'acquérir de nouvelles perfections.

§. 4. Il s'ensuit de ces deux devoirs rigoureux que le *Suicide* est défendu par le Droit de nature.

Parcequ'il détruit une existence que nous devons conserver & perfectionner; d'ailleurs il nous est défendu de tuer les autres hommes : or ils sont nos égaux, & il est de principe, que des personnes égales entr'elles, ont aussi des droits & des devoirs égaux.

§. 5. Nos devoirs envers nous-mêmes, sont subordonnés à ceux que nous avons à remplir envers la Divinité: le bien & le mal moral l'emportent par conséquent sur le bien & sur le mal physique.

§. 6. De deux maux physiques il faut toujours choisir le moindre.

§. 7. De deux maux physiques, celui qui nous touche personnellement est à degré égal plus grand, que celui qui touche un autre homme.

§. 8. De-là l'axiome vulgaire : *Charité bien ordonnée commence par soi-même.*

CHAPITRE III.

Des devoirs de l'homme envers les autres hommes.

§. 1. LE principe fondamental de tous nos devoirs envers les autres hommes, c'eſt que tous les hommes ſont naturellement égaux ; & qu'une pareille égalité produit auſſi une *égalité parfaite de droits & de devoirs.*

§. 2. Il s'enſuit que toutes nos obligations envers nos ſemblables ſont concentrées dans le Précepte : *Ne faites pas à autrui ce que vous ne voudriez pas qu'on fit à vous-même.*

§. 3. Les devoirs de l'homme envers les autres hommes ſont ou *parfaits* & de *juſtice rigoureuſe*, ou *imparfaits* & de *ſimple humanité.*

§. 4. Les devoirs parfaits ſe réduiſent à nous défendre de leur faire du mal.

Les Loix négatives qui défendent une action ſont toujours plus rigoureuſes que celles qui l'ordonnent.

§. 5. Les devoirs imparfaits emportent l'obligation de leur faire du bien.

§. 6. Les devoirs parfaits ſont ou *abſolus* ou *relatifs :* les premiers obligent tous les hommes ſans exception, les autres ne les concernent que ſous de certains rapports; par exemple comme propriétaires.

§. 7. Le Précepte *Neminem lœde*, ne faites du mal à perſonne, eſt ſubordonné à l'obligation *parfaite* & *abſolue* de veiller à notre propre conſervation.

§. 8. De-là réſulte le *moderamen inculpatæ tutelæ* ou le droit de la défenſe légitime de nous-même, en vertu duquel nous pouvons, pour ſauver notre propre vie, immoler celle d'un autre.

§. 9. Il ſuppoſe d'une part que nous nous trouvions dans l'impoſſibilité de ſauver autrement notre vie, & de l'autre part que nous ne nous ſoyons pas attirés nous-mêmes le danger que nous voulons éviter.

§. 10. Il a lieu contre tous les hommes.

Excepté le Souverain à cauſe des conſéquences.

§. 11. Il dure autant que le *péril* & ceſſe avec lui.

Différence à cet égard entre l'état de nature & celui de ſociété.

§. 12. Il ne peut être allégué pour juſtifier le *duel* & les *rencontres*.

§. 13. La défenſe de faire du mal aux autres hommes s'étend également ſur leur vie, ſur leur honneur, & ſur leur eſprit.

§. 14. Toute léſion exige une réparation qui lui ſoit proportionnée.

Chapitre IV.

Des devoirs relatifs des hommes.

§. 1. On appelle *devoirs relatifs* ceux auxquels nous ne ſommes pas tenus indiſtinctement envers tous les hommes, mais qui réſultent de certains rapports dans leſquels nous nous ſommes mis envers eux.

On n'en connoît point d'autres dans l'état de nature que ceux qui réſultent de la *propriété*.

§. 2. Le fondement de ces devoirs eſt la maxime *ſuum cuique tribue*; rendez à chacun ce qui lui appartient.

§. 3. La Communauté de tous les biens eſt l'appanage de l'état de nature primordial & originaire.

Parceque tous les hommes étant égaux, ils ont un droit égal à tout ce qui entre dans la jouiſſance.

§. 4. La propriété a été introduite par le fait des hommes, ſoit par rapport à la rareté de certains objets, qui empêchoit que tous les hommes n'y participaſſent, ſoit parceque leur production dépendoit de l'induſtrie humaine : ſoit enfin par des actes de violence.

§. 5. La propriété eſt le droit d'exclure tous les autres hommes de l'uſage d'une choſe.

§. 6. Ce droit s'acquiert de quatre manieres différentes, dont les deux premieres ſont nommées *originaires*, & les autres ſont appelées *dérivées*.

§. 7. 1.° Par l'*occupation*, quand la choſe n'appartenoit à perſonne.

§. 8. 2.° Par l'*acceſſion*, quand la choſe qui nous appartient prend des accroiſſemens quelconques.

§. 9. 3.° Par la *diviſion*, quand elle faiſoit partie d'une Communauté.

§. 10. 4.° Par le *tranſport*, quand elle appartenoit déja à un autre.

CHAPITRE V.

Des acquiſitions originaires d'une propriété par occupation & acceſſion.

§. 1. L'OCCUPATION eſt la priſe de poſſeſſion d'une choſe, qui n'appartenoit à perſonne : *res nullius*.

§. 2. On appelle *res nullius* non-seulement les choses qui n'ont jamais eu de maître, mais aussi celles dont le maître les a abandonnées volontairement.

Cet abandon volontaire est présumé, quand une chose ayant été perdue, le maître ne la réclame pas.

§. 3. Pour occuper valablement une chose, il faut en avoir eu la *volonté* & s'en être saisi *effectivement*.

§. 4. Il s'ensuit 1.° que la volonté doit être constatée par des démonstrations extérieures, non-équivoques, & dirigée manifestement vers l'objet qu'on veut occuper.

§. 5. Et 2.° que l'occupation elle-même doit s'effectuer positivement réellement & de la maniere la plus propre à exclure les autres de la propriété de la chose.

§. 6. La *Chasse* est une occupation de même que la *Pêche*; les choses *trouvées*, les *trésors cachés*, &c.

§. 7. On acquiert par *accession* les choses qui accroissent à notre propriété.

§. 8. L'accession est ou *naturelle*, ou *industrielle*, ou *mixte*.

§. 9. L'acceſſion *naturelle* comprend toutes les eſpèces d'accroiſſemens qui s'operent par le miniſtere de la ſeule nature.

§. 10. On y rapporte les enfans de nos eſclaves, les petits des bêtes qui nous appartiennent, les îles nouvellement formées dans nos rivieres, & les atterrages qui ſe forment à leurs bords ; mais ces deux dernieres eſpèces avec de grandes reſtrictions.

§. 11. L'acceſſion *induſtrielle* porte ſur les accroiſſemens que notre propriété acquiert par le fait ou par l'induſtrie d'un autre.

§. 12. Suivant le droit de nature la choſe la plus précieuſe emporte celle qui eſt d'une moindre valeur ; quand on ne peut pas les ſéparer commodément & rendre à chacun ce qui lui appartient.

§. 13. Le Propriétaire de la choſe qui accroît à la propriété d'un autre, doit être dédommagé de ſa perte.

§. 14. La bonne foi eſt la baſe de l'acceſſion induſtrielle.

C'eſt-à-dire que pour acquérir le bien d'autrui par acceſſion, il faut que celui qui l'a employé à ſon uſage, *ait ignoré* que la choſe appartenoit à un autre, & qu'il s'en ſoit ſervi par ſimple erreur.

§. 15. L'*acceſſion mixte* s'opère par la plantation : elle nous donne la propriété de nos récoltes.

CHAPITRE VI.

Des acquiſitions dérivées par Diviſion ou par Ceſſion.

§. 1. PERSONNE n'eſt tenu de demeurer en communauté d'un bien quelconque avec un autre.

§. 2. Tous les Co-propriétaires d'une choſe y ont un droit égal quand la communauté eſt parfaite : quand elle ne l'eſt pas, le droit de chacun ſe regle par ſon titre.

§. 3. La communauté ceſſe par deux opérations différentes, par la *Diviſion* ou par la *Ceſſion.*

§. 4. La Diviſion ſe fait lorſque chacun des Co-propriétaires prend dans un bien commun une partie proportionnée au droit qu'il avoit eu dans la communauté.

§. 5. La Ceſſion a lieu quand les Co-propriétaires abandonnent à un ſeul d'entr'eux la choſe qui leur avoit appartenu en commun.

§. 6. Par la Ceſſion & par la Diviſion tous les droits de la communauté paſſent au nouveau Propriétaire.

§. 7. Les anciens Co-propriétaires ſont tenus de garantir au nouveau Propriétaire particulier les droits qu'ils lui ont abandonnés.

Chapitre VII.

De l'acquiſition dérivée qui ſe fait par translation..

§. 1. Tout Propriétaire d'une choſe, en peut transférer la propriété à un autre, à moins que cette faculté n'ait été reſtreinte par des Loix ou par des Conventions particulieres.

§. 2. Toute translation de propriété ſuppoſe la volonté de l'aliéner.

§. 3. Elle ne peut donc pas être effectuée par des perſonnes qui ne ſont pas cenſées avoir de volonté, comme les enfans & les imbécilles.

§. 4. Les *aliénations* ſont *pures* & *ſimples*, ou *conditionnelles*.

§. 5. De celles-ci naît le Droit *féodal*.

§. 6. Les Teſtamens ſont auſſi une eſpèce de translation conditionnelle de propriété.

§. 7. L'aliénation *pure & ſimple* tranſporte la propriété abſolue.

§. 8. L'effet

§. 8. L'effet de l'aliénation conditionnelle dépend de l'existence de la condition sous laquelle on l'a faite.

§. 9. Le Propriétaire d'une chose en recueille les fruits ; il en dispose à son gré ; il ne peut être troublé par personne dans sa possession ; il peut la revendiquer partout où il la trouve, & il peut l'aliéner comme il juge à-propos.

§. 10. Toute aliénation suppose le consentement libre de l'*Acquerreur* & de l'*Aliénateur.*

§. 11. La réunion de ce double consentement s'appelle un *Contrat.*

§. 12. Les aliénations contractuelles se font par *donation* ou moyennant un *équivalent.*

§. 13. La plus ancienne maniere d'aliéner une chose contre un équivalent, c'est l'*échange.*

§. 14. Dans l'échange simple & absolu les choses permutées doivent avoir une valeur égale.

§. 15. L'incommodité des échanges a fait imaginer la *monnoie* ; de-là les *aliénations à prix d'argent.*

§. 16. Les aliénations à prix d'argent sont ou *absolues* & perpétuelles, ou *temporaires* & conditionnelles.

§. 17. Toute aliénation à prix d'argent suppose une égalité parfaite dans le rapport du prix à la chose.

§. 18. L'aliénation absolue d'une chose à prix d'argent s'appelle *Vente.*

§. 19. Le Vendeur est tenu à la garantie de la chose vendue.

§. 20. Les aliénations temporaires & conditionnelles sont le Contrat de *louage* & le *prêt.*

§. 21. Le *louage* a lieu relativement aux choses qu'on s'engage de rendre en nature.

§. 22. Le *prêt* se fait de choses dont on convient de rendre les pareilles.

§. 23. Le prêt à *usure* n'est pas contraire au Droit de nature.

§. 24. Tous les Contrats sont de droit rigoureux.

LIVRE II.

PRINCIPES DU DROIT PUBLIC UNIVERSEL.

CHAPITRE I.

De la Société en général.

§. 1. LE Droit de nature appliqué à l'état de ſociété, s'appelle le *Droit public univerſel.*

§. 2. L'état de nature de tous les hommes eſt celui d'une égalité parfaite.

§. 3. Cette égalité ſuppoſe la plus grande liberté poſſible chez tous les individus humains.

§. 4. La liberté naturelle de l'homme n'a pu être reſtreinte que de ſon propre conſentement, par des *Pactes* & par des Conventions.

§. 5. Ces Pactes ont produit la *ſociété.*

§. 6. La ſociété eſt le conſentement de pluſieurs individus humains, dirigé vers la *même fin*, par l'emploi des mêmes moyens.

§. 7. Il y a autant d'eſpèces de ſociétés que les hommes peuvent ſe propoſer de *fins*, & la qualité des fins détermine celle des ſociétés.

§. 8. Le consentement nécessaire pour établir une société peut être *exprès*, *tacite*, ou *présumé.* Le premier se donne par des *paroles*; le second se prouve par des *faits*; le troisieme *suppose l'utilité* du consentement.

§. 9. Il y a des sociétés *simples*, & des sociétés *composées.*

§. 10. Il y en a d'*égales* & d'*inégales.*

§. 11. Toute société est une *personne morale*; & par conséquent capable de faire de bonnes ou de mauvaises actions.

§. 12. Il en résulte que les sociétés ont les mêmes droits à exercer, & les mêmes devoirs à remplir l'une envers l'autre, que les hommes entre eux.

§. 13. Les maximes fondamentales *neminem lædere*, *suum cuique tribuere*, sont la base du Droit public & du Droit des gens, comme elles le sont du Droit de nature.

§. 14. Le premier devoir de la vie sociale, c'est que tous les membres qui composent une société, sont tenus de faire tout ce qui peut les conduire au but commun, & d'éviter tout ce qui pourroit les en éloigner.

§. 15. Dans les sociétés simples, le bien de la société est préférable au bonheur particulier de ses membres.

§. 16. Dans les Sociétés composées le bien-être général doit être préféré au bonheur particulier des petites sociétés dont elle est formée; & celui de la plus grande société à celui des sociétés inférieures.

§. 17. Il est permis à tout membre d'une société de s'en détacher, quand il ne peut pas y atteindre au but qu'il s'étoit proposé en la formant; surtout si l'empêchement provient du fait des autres membres de la société.

CHAPITRE II.

De la société conjugale.

§. 1. LE Mariage est la premiere société qui se soit formée entre les hommes, la plus simple & la plus nécessaire.

§. 2. Le Mariage est une société simple & égale de deux personnes de différent sexe, qui s'unissent à l'effet de *procréer* & d'*élever* des enfans.

§. 3. Il n'y a point de mariage sans le consentement libre & exprès des deux parties.

§. 4. Il n'y en a point entre les personnes qui ne peuvent pas obtenir le but du mariage.

§. 5. Par conséquent le Droit naturel défend le mariage d'une même femme avec plusieurs hommes: *Polyandria.*

§. 6. La *Polygamie* n'est pas contraire au Droit de nature.

§. 7. Le Droit de nature ne connoit point d'autres degrés prohibés, que ceux en ligne ascendante & descendante.

§. 8. Il exige des solemnités dans le mariage, afin d'en constater la réalité.

§. 9. Il suppose la communauté des biens, comme nécessaire à l'éducation des enfans.

§. 10. Quoique le mariage soit une société égale, le Droit de nature accorde au mari la supériorité sur la femme, à raison de la supériorité des moyens que la nature lui a départis pour les mettre dans la société.

§. 11. Mais il lui impose aussi le devoir d'entretenir & de défendre la femme & les enfans.

§. 12. Le Droit de nature desaprouve le divorce pour être contraire à l'éducation des enfans; il ne l'admet que dans le cas où le but du mariage se trouveroit manqué.

CHAPITRE III.

De la société paternelle.

§. 1. LA société qui subsiste entre le Pere & ses Enfans se fonde sur le consentement présumé de ces derniers.

§ 2. Le but de la ſociété paternelle, c'eſt l'éducation des enfans.

§. 3. Cette ſociété eſt inégale : elle produit la *puiſſance paternelle.*

§. 4. La puiſſance paternelle eſt le droit appartenant aux parens naturels de diriger les actions de leurs enfans, tant que ceux-ci ne ſont pas en état de ſe gouverner eux-mêmes.

§. 5. Elle appartient également aux peres & aux meres, mais dans le doute, plus aux premiers.

§. 6. Elle paſſe, au défaut des parens naturels, à tous ceux qui ſe chargent de l'éducation des enfans.

§. 7. Elle s'étend ſur la perſonne & ſur les biens des enfans.

§. 8. En vertu de cette ſociété les peres ſont tenus de faire tout ce qui peut contribuer à la conſervation & à la plus grande perfection de leurs enfans.

§. 9. Les enfans doivent à leurs parens du reſpect, de l'amour & de l'obéiſſance.

§. 10. La puiſſance paternelle expire au moment que les fils deviennent membres de la ſociété civile, & que les filles paſſent dans une autre famille.

§. 11. La succession des enfans dans les biens de leurs parens est de droit naturel.

CHAPITRE IV.

De la société hérile.

§. 1. LA société qui subsiste entre le maître & le serviteur se fonde sur une convention du Droit de nature, au moyen de laquelle le serviteur loue ses services à son maître pour un prix convenu.

§. 2. Cette société est inégale : elle produit la puissance hérile ou seigneuriale.

§. 3. Les droits & les devoirs mutuels & relatifs du maître & du serviteur, sont réglés par la convention qui sert de base à cette société.

§. 4. Les serviteurs *mercénaires* different essentiellement des *hommes propres* & des *esclaves*.

§. 5. La servitude absolue ou l'esclavage se fonde sur une convention du Droit de nature.

§. 6. Cette convention est ou *expresse* ou *tacite*.

§. 7. Elle est expresse chez les esclaves qui se vouent volontairement à la servitude.

§. 8. Dans ce cas les loix de la convention établissent le sort, les droits & les devoirs des esclaves.

§. 9. Elle est tacite chez les Prisonniers de guerre.

§. 10. Les esclaves deviennent une partie de la propriété de leurs maîtres.

§. 11. Ils peuvent donc être vendus.

§. 12. Les enfans des esclaves appartiennent à leurs maîtres, par droit d'*accession*.

§. 13. La société hérile finit relativement aux serviteurs mercénaires quand le tems, pour lequel ils sont loués, est expiré.

§. 14. Elle finit relativement aux esclaves par leur affranchissement.

CHAPITRE V.

Des sociétés composées ou des familles.

§. 1. De la coalition des trois sociétés simples se forme une *famille*.

§. 2. Les familles sont des sociétés inégales.

§. 3. Le Pere de famille en est le chef nécessaire; de-là le gouvernement patriarchal.

§. 4. Dans le Droit de nature, les Peres de famille jouissent entre eux des mêmes droits & ils sont tenus aux mêmes devoirs que chaque individu humain doit remplir, & dont il jouit dans l'état de liberté naturelle.

§. 5. Ainsi il faut appliquer aux familles tout ce qui a été observé ci-dessus touchant les devoirs parfaits des hommes.

CHAPITRE VI.

De la société civile & de l'origine des Républiques.

§. 1. LA crainte & la violence ont été la premiere cause qui a produit des *sociétés civiles.*

§. 2. Une société civile ou République est un assemblage de grand nombre de Chefs de familles indépendans de tous les autres hommes, & réunis à de certaines conditions, sous un Chef commun, pour leur sûreté générale & particuliere.

§. 3. Cette société est donc inégale.

§. 4. Et son but est la sûreté commune.

§. 5. Point de société civile sans le consentement de tous ses Membres.

§. 6. Ce consentement est *exprès*, *tacite* ou *présumé.*

§. 7. Le Pacte sur lequel la société se fonde, s'appelle *Loi fondamentale.*

§. 8. Il renferme tout ce qui concerne *le but* que la société se propose & les *moyens* qu'elle a choisis pour y parvenir.

§. 9. Le premier de ces moyens c'eſt que les membres conſtitutifs de la ſociété ont ſoumis leur volonté à celle des Chefs communs qu'ils ſont convenus de ſe donner.

§. 10. S'ils l'ont ſoumis à un ſeul individu, la ſociété s'appelle une *Monarchie.*

§. 11. Quand ils ſe choiſiſſent plusieurs Chefs, elle devient une *Ariſtocratie.*

§. 12. Quand enfin tout le peuple participe au Gouvernement, elle ſe nomme une *Démocratie.*

§. 13. L'abus de la Monarchie quand le Chef foule aux pieds les Loix fondamentales, ſe nomme *Tyrannie*; quand il n'agit qu'arbitrairement c'eſt un *Deſpotiſme.*

§. 14. L'Ariſtocratie dégénere en *Oligarchie*, lorſqu'un petit nombre de ceux qui devoient gouverner l'Etat, s'empare des rênes du Gouvernement à l'excluſion de leurs Co-régens.

§. 15. Il ſe forme une *Ochlocratie* quand dans les Démocraties la populace ſe rend maître de l'Etat.

§. 16. On appelle Gouvernemens ou Etats *mixtes* ceux qui ſont formés du mêlange de ces trois formes régulieres.

§. 17. Quand plusieurs Etats indépendans se réunissent dans une société générale, sans préjudice chacun de leur gouvernement particulier, il en résulte un *système de Confédérés.*

§. 18. On appelle *titre*, la qualité distinctive que la société donne à son Chef commun; par ex. *Empereur*, *Roi*, *&c.*

§. 19. Dans la Monarchie, la volonté du seul Chef fait la loi des Citoyens, à laquelle *aucun d'eux* n'a le droit de se soustraire.

§. 20. Dans l'Aristocratie cette loi est formée par la pluralité des Administrateurs.

§. 21. Dans la Démocratie par la pluralité des Citoyens.

§. 22. La Loi fondamentale de l'Etat est la seule regle qui en détermine la forme & la constitution.

§. 23. Nous connoissons en Europe deux *Etats despotiques*, *la Russie & la Turquie.*

§. 24. Neuf Monarchies simples, *la France*, *l'Espagne*, *le Portugal*, *le Royaume des deux Siciles*, *les Etats de la Maison d'Autriche*, *la Sardaigne*, *le Dannemarck*, *la Prusse*, *l'Etat Ecclésiastique.*

§. 25. Quatre Monarchies mixtes, *l'Empire d'Allemagne*, *l'Angleterre*, *la Suede & la Pologne.*

§. 26. Plusieurs Républiques aristocratiques dont les principales sont *Venise*, *Gênes*, *Berne*, *Zurick* & *Raguse*.

§. 27. Quelques Démocraties telles que les *petits Cantons Helvétiques*.

§. 28. Deux systêmes de Confédérés, la *Suisse* & la République *des Provinces unies*.

CHAPITRE VII.

De la Majesté souveraine.

§. 1. LA société civile ayant été formée par la réunion de nombre de Chefs de familles libres & indépendans : il s'ensuit qu'elle aussi est parfaitement libre & indépendante, & par une conséquence nécessaire, que toutes les sociétés civiles sont revêtues de l'empire suprême.

§. 2. Cet empire suprême est exercé par les Chefs à qui les membres de la société se sont soumis à la formation de la société.

§. 3. Les Chefs des sociétés civiles ne peuvent donc être jugés que par Dieu seul, même en ce qui regarde l'administration de l'Etat, à moins qu'elles ne s'en aient expressément réservé la faculté.

§. 4. Le peuple n'a jamais le droit de connoître de leurs actions personnelles.

§. 5. Erreur des *Monarchomaques*, tels que Hotoman, Sidney, Milton & quelques Philosophes modernes, qui prétendent que le Peuple est au-dessus des Rois.

§. 5. Comme l'objet de toute société civile est le maintien de la sûreté & de la tranquillité générale & particuliere, il s'ensuit que le Souverain n'est pas le maître d'agir contre ce but, & qu'il n'a aucun pouvoir sur la vie, les biens & la conscience de ses sujets.

§. 7. Les peuples n'ont pas le droit de se révolter contre un Prince qui abuse de son pouvoir, à moins que les Loix fondamentales de l'Etat ne les y authorisent.

§. 8. Cette authorisation s'appelle Loi *commissoire*.

§. 9. Elle a existé autrefois en *Hongrie* & en *Pologne*, &c.

§. 10. Les droits résultans de l'empire suprême, sont communément appellés *Droits de Souveraineté* ou de *Majesté*.

§. 11. Les droits de souveraineté se rapportent les uns au bien-être & à la *sûreté intérieure* de la société, les autres à son bien-être & à sa sûreté *extérieure*.

§. 12. Les droits de souveraineté intérieure sont les suivans : *A*. Le droit de faire des Réglemens concernant le Culte divin & la Religion.

§. 13. *B.* De faire des Loix, de nommer des Magiſtrats pour les exécuter, de punir les contraventions, de diſpenſer de leur rigueur, &c.

§. 14. *C.* D'établir des Contributions publiques.

§. 15. *D.* De faire des Réglemens de haute police.

§. 16. Les droits de ſouveraineté extérieure ſont le droit d'Alliance, d'Ambaſſade, de la Guerre & de la Paix.

CHAPITRE VIII.

Des Droits intérieurs de la Souveraineté & en particulier de ceux qui concernent la Religion *&* *le* Culte divin.

§. 1. L'ÉGLISE eſt ſoumiſe au Souverain dans tout ce qui ne tient pas immédiatement à la Foi.

§. 2. Cette reſtriction conforme au Droit de nature, eſt auſſi fondée dans la Révélation.

§. 3. Le Souverain n'a donc point de pouvoir ſur les conſciences; il n'a que le droit de les inſtruire.

§. 4. Et il n'a point de pouvoir non plus ſur le Culte *intérieur*.

§. 5. Le Souverain porte en cette qualité le caractere d'*Evêque du dehors.*

§. 6. De-là vient le droit de diriger le *Culte extérieur* & tout ce qui ne tient pas à l'essence de la Religion.

§. 7. Le Souverain a le droit de convoquer & de diriger les Conciles & les Synodes nationaux.

§. 8. Il a le droit de punir sévérement & sans commination précédente, ceux qui enseignent des Principes contraires à la Religion naturelle.

§. 9. Il peut défendre l'enseignement public & particulier des Principes contraires à la Religion reçue dans l'Etat, & punir ceux qui contreviennent à cette défense.

§. 10. Il peut défendre toutes les Controverses qui seroient propres à troubler la tranquillité de l'Etat.

§. 11. Le Souverain doit accorder le droit d'émigrer à ceux de ses sujets auxquels il refuse la tolérance civile.

§. 12. Le Souverain a la Jurisdiction suprême sur la personne, & sur les biens des Ecclésiastiques & il peut appliquer ceux-ci aux besoins de l'Etat, quand les circonstances l'exigent.

CHAPITRE

CHAPITRE IX.

Du Pouvoir législatif.

§. 1. Le pouvoir législatif est un droit inhérant à la Majesté souveraine, en vertu duquel le Chef d'un Etat prescrit des Regles à ses sujets, pour diriger leurs actions civiles & morales.

§. 2. Ces regles s'appellent des *Loix*.

§. 3. Les Loix sont nécessaires pour maintenir le bon ordre dans les Etats, & pour procurer aux Citoyens qui les composent, la sûreté qui étoit l'objet de leur réunion en société.

§. 4. On distingue les Loix en *civiles* & en *criminelles*.

§. 5. Les Loix civiles ont pour objet les actions *indifférentes* des Citoyens, qu'elles dirigent vers l'utilité de l'Etat.

§. 6. Les Loix criminelles concernent les actions morales des hommes, en tant qu'elles intéressent la sûreté de l'Etat, & celle de ses membres.

§. 7. Le Souverain ne peut point faire de Loix contraires au Droit de nature absolu & rigoureux.

§. 8. Il en peut faire de contraires au Droit de nature relatif, à l'égard de tous les objets par rapport auxquels les hommes peuvent transiger ensemble.

§. 9. Tous les Citoyens d'un Etat, de même que les Etrangers qui viennent s'y établir, sont sujets aux Loix de son Souverain.

§. 10. Les Loix doivent être *générales*, *certaines* & *connues* de tout le monde.

§. 11. Le Souverain peut, en vertu de son pouvoir législatif, changer, abroger les Loix, en suspendre l'effet & dispenser en de certains cas de leur rigueur.

§. 12. Point de Loi sans sanction pénale.

§. 13. Tout Législateur a régulierement aussi le droit de faire exécuter ses Loix au moyen de l'autorité judiciaire.

§. 14. On appelle *autorité judiciaire*, le droit d'appliquer les Loix aux actions des hommes.

§. 15. Comme les Loix sont civiles ou criminelles, cette même distinction a aussi lieu relativement à la Jurisdiction.

§. 16. Quiconque a la Jurisdiction, a aussi le droit de nommer les *Magistrats* pour l'exercer.

§. 17. Le Souverain seul a le droit de punir les transgressions de ses Loix.

§. 18. Les Punitions afflictives ſont la vengeance publique que la ſociété exerce contre ceux, qui ont attenté à la ſûreté générale & particuliere.

§. 19. Leur objet eſt de mettre les Coupables hors d'état de nuire, de les corriger & de contenir les autres hommes par leur exemple.

§. 20. Il doit y avoir une proportion entre la peine & le délit ; cette proportion eſt déterminée par le plus ou moins d'influence que le délit peut avoir ſur la ſûreté publique.

§. 21. Comme le Souverain peut diſpenſer de l'obligation qui réſulte des Loix, il en peut auſſi relâcher les peines. De-là le droit de faire grace.

§. 22. Le Souverain eſt au-deſſus des Loix perſonnelles ; mais il eſt ſoumis quant à ſes poſſeſſions aux Loix civiles ordinaires.

§. 23. Les Citoyens ne peuvent point infliger de peines à ceux qui les ont offenſés ; ils n'ont que le droit de ſe défendre juſqu'à ce que la ſociété vienne à leur ſecours.

§. 24. La peine de mort n'eſt pas contraire au Droit de nature.

CHAPITRE X.

Du Droit de haute Police.

§. 1. Le Souverain étant chargé du soin d'assurer le bonheur général de la société, a nécessairement le droit de faire les Loix & les Réglemens nécessaires pour y répandre l'abondance.

§. 2. La richesse d'une Nation se fonde sur l'*agriculture* & sur le *commerce.*

§. 3. Le Souverain peut faire des Réglemens concernant la propriété & l'emploi des terres.

§. 4. Il peut abolir ou restreindre les communes.

§. 5. Le Commerce est intérieur ou extérieur.

§. 6. Le Commerce intérieur est celui qui se fait dans l'Etat même entre ses différens Habitans.

§. 7. Comme le but principal de toutes les sociétés est de procurer le bonheur général & particulier par des efforts & des moyens communs, il s'ensuit que le Commerce intérieur doit régulierement être libre & qu'il ne peut être restreint que dans le cas de nécessité extrême.

§. 8. Le Souverain a le droit de prescrire des Réglemens concernant l'usage que le Citoyen doit faire de son superflu.

§. 9. Le Commerce extérieur est celui qu'une Nation fait avec des Peuples étrangers.

§. 10. Le Commerce extérieur se fonde sur la liberté naturelle ou sur des Conventions.

§. 11. Dans l'état de liberté naturelle une Nation a le droit de vendre son superflu à des étrangers & de prendre chez eux son nécessaire, ou de ne le point faire.

§. 12. Le Souverain peut restreindre cette liberté & l'abolir même par des Réglemens, quand le bien de l'État l'exige. De-là les droits prohibitifs, les prohibitions, la contrebande.

§. 13. La liberté du Commerce ne s'acquiert pas par le simple usage quelque long qu'il puisse être; mais par des Pactes exprès seulement.

§. 14. Tout monopole est contraire au droit de nature, excepté seulement le cas qu'une branche de commerce ne puisse pas être exercée en même tems par tous les Citoyens, ou qu'elle ne soit pas encore tombée au pouvoir de la Nation; comme des Manufactures de nouvelle invention.

§. 15. Le Souverain doit prendre toutes les mesures possibles pour faciliter le Commerce par le moyen des ponts, des canaux & des grands chemins; & la Nation doit contribuer à son tour à la formation & à l'entretien de ces monumens.

§. 16. Le Souverain ſeul a le *droit de battre monnoie* Elle ſe fabrique au coin de la Nation, qui en eſt garante.

§. 17. Il doit y avoir une juſte proportion entre la valeur réelle du métal & la valeur fictive qu'on lui donne.

§. 18. Le crime de fauſſe monnoie eſt un délit public des plus graves & à de certains égards un crime de leze-majeſté.

§. 19. Le Souverain peut faire des Loix touchant les *poids* & les *meſures.*

§. 20. Le Souverain eſt en droit de défendre à ſes ſujets de s'expatrier, & il peut punir ſévérement les Embaucheurs étrangers.

§. 21. Le Souverain a le droit de faire des Loix pénales contre les vagabonds & les mendians valides.

CHAPITRE XI.

Du Droit d'impoſer des contributions & du Domaine éminent.

§. 1. LE Droit d'impoſer des Contributions ſe fonde ſur la maxime que le Souverain réunit en ſa perſonne toutes les prérogatives, tous les devoirs & toutes les obligations de la Nation.

§. 2. Tout ce qui est susceptible de propriété, appartient à la Nation.

§. 3. Les biens qu'une Nation possede sont ou *publics*, ou *communs*, ou *particuliers*.

§. 4. On appelle *biens publics* ceux que la Nation possede en corps, & qu'elle a spécialement destinés aux besoins de l'Etat; on les appelle aussi *Domaines*.

§. 5. Le Souverain a régulierement le droit de disposer des revenus publics, à moins que la Nation ne se le soit réservé expressément.

§. 6. Le Domaine est *inaliénable*; le Souverain peut retirer en tout tems les parties qui en ont été aliénées à des Particuliers, & il n'y a qu'une authorisation expresse de la Nation qui puisse valider cette sorte d'aliénations.

§. 7. Les aliénations de Nation à Nation n'exigent pas les mêmes précautions.

§. 8. Quand les biens publics ne suffisent pas aux besoins de l'Etat, la Nation est tenue d'y suppléer par des impôts.

§. 9. Par-tout où la Nation ne s'est pas réservé expressément le droit de pourvoir aux besoins extraordinaires de l'Etat, le Souverain établit seul les impôts, il régle la maniere de les percevoir, & il en employe le produit comme il le juge à-propos, sans en rendre compte à personne.

§. 10. Le Souverain n'a ordinairement point d'autres droits sur les biens communs de la Nation, que celui de veiller à ce qu'ils soient bien administrés.

§. 11. Les biens communs comprennent spécialement la mer, les rivieres, les grands chemins, &c.

§. 12. Quand la Nation abandonne l'usage des biens communs au Souverain, elle lui en accorde aussi l'administration.

§. 13. La Nation, ou le Souverain à sa décharge, peut établir des impôts, pour l'entretien des choses communes. De-là le Droit de Péage.

§. 14. Le Souverain a le droit & l'obligation de veiller à ce que les propriétés des Particuliers soient administrées conformément au but de la société.

§. 15. De-là le droit de nommer des Tuteurs aux enfans, des Curateurs aux mineurs & aux femmes, & celui de faire des Loix touchant l'emploi des propriétés.

§. 16. Le Souverain a le *Domaine éminent* sur tous les biens que la Nation s'est réservés.

§. 17. On appelle *Domaine éminent*, le Droit qui appartient au Souverain de disposer en *cas de nécessité* & pour le salut public, de tous les biens renfermés dans l'Etat.

§. 18. Il se fonde sur le consentement présumé des peuples à tous les moyens qui peuvent assurer ou affermir le salut public.

§. 19. Tout Souverain a le Domaine éminent, à moins que la Nation ne se l'ait réservé expressément.

§. 20. Quand le Souverain dispose en vertu du Domaine éminent de la propriété de quelque Particulier, celui-ci en doit être dédommagé par la Nation.

§. 21. Il suppose le cas de nécessité ou du moins une très-grande utilité ; mais non pas un simple agrément, ni la commodité ni la convenance du Souverain.

§. 22. Les biens des Etrangers ne sont pas exemts du Domaine éminent.

§. 23. Il s'étend non-seulement sur la propriété réelle, mais aussi sur l'industrie & sur les travaux des sujets.

§. 24. Les biens ecclésiastiques, même ceux qui sont immédiatement destinés au Culte public, ne sont pas exemts de la rigueur du Domaine éminent.

CHAPITRE XII.

Des Droits de Majesté extérieurs.

§. 1. LES Etats souverains étant des personnes morales, ils vivent entr'eux dans l'état de nature, qui est celui de la liberté & de l'égalité parfaite.

§. 2. Comme dans l'état de nature toute personne morale a le droit de se défendre elle-même, de repousser les injures, & de se faire rendre ce qui lui est dû de droit absolu; les Etats souverains ont le même droit l'un envers l'autre. De-là le Droit de *guerre*.

§. 3. La guerre est l'état d'un peuple libre qui poursuit son droit par la force.

§. 4. Le droit de la faire n'appartient qu'aux Souverains.

§. 5. Cette faculté dure jusqu'à ce que les Nations offensées aient obtenu le droit qu'elles poursuivoient, & la réparation soit de l'offense qu'elles avoient endurée, soit des dommages qu'elles avoient soufferts.

§. 6. La guerre finit par les *Traités de paix*.

§. 7. Le Souverain seul a le droit de faire ces sortes de Traités.

§. 8. Toute Paix eſt eſſentiellement perpétuelle, parceque l'état de paix eſt celui de la nature.

§. 9. Le droit de faire des *Alliances* eſt auſſi un réſervat de la Souveraineté, parcequ'elles obligent la Nation.

§. 10. Des Alliances, les unes ſont de ſimples Traités d'amitié; les autres ſont dirigées vers un certain objet. Il y en a d'ailleurs des *égales* & des *inégales*.

§. 11. Le Souverain ſeul a le droit d'envoyer & de recevoir des *Ambaſſadeurs* ou d'autres Miniſtres publics.

§. 12. Tout ce qu'un individu humain a le droit de faire dans l'état de nature, pour ſa conſervation & pour ſon bonheur particulier, le Souverain a le droit & l'obligation de le faire pour la conſervation & pour le bonheur de la Nation.

CHAPITRE XIII.

Des manieres différentes d'acquérir la Souveraineté.

§. 1. LA Souveraineté s'acquiert différemment dans les Monarchies & dans les Ariſtocraties.

§. 2. Les Monarchies ſont ou *ſucceſſives* ou *électives* ou *patrimoniales*.

§. 3. La forme en est établie par les Loix fondamentales de l'Etat.

§. 4. Les Monarchies électives sont celles où la Nation élit elle-même son Chef.

§. 5. Le nombre, la qualité & les droits des Electeurs sont déterminés par les Loix fondamentales ; au défaut de ces Loix, le droit d'élire appartient à toute la Nation.

§. 6. Tout Citoyen est éligible, à moins que les Loix ne l'excluent expressément du Gouvernement.

§. 7. Les Etats électifs tombant nécessairement en *interregne* à la mort du Chef, le gouvernement appartient alors à ceux à qui les Loix fondamentales l'ont attribué.

§. 8. Les Etats électifs d'Europe sont le St. Siège, l'Empire d'Allemagne & le Royaume de Pologne.

§. 9. Un Royaume *successif* est celui que la Nation a concédé à son Souverain & à tous ses Descendans.

§. 10. Les Royaumes successifs sont régulierement indivisibles & la succession s'y régle suivant le droit de *primogéniture* ou d'ainesse.

§. 11. La succession par droit d'ainesse s'appelle aussi *linéale* par opposition à la succession *graduelle* qui se regle sur la proximité du degré de parenté.

§. 12. La succession est *agnatique* quand les seuls mâles succedent à l'exclusion des femmes: telle est la succession usitée en *France* & reçue en *Suede*.

§. 13. Elle est *cognatique* quand les femmes y sont aussi admises.

§. 14. La succession cognatique *ordinaire* a lieu dans les Etats où les femmes ne succedent qu'au défaut absolu des mâles.

§. 15. Telle est la forme de succession usitée en Espagne, à Naples, en Angleterre, en Hongrie, en Danemarck, en Prusse & en Sardaigne.

§. 16. La succession *cognatique linéale* vulgairement nommée *Castillane*, est celle où les Descendans féminins excluent les Collatéraux mâles.

§. 17. Elle n'est plus en usage qu'en Portugal.

§. 18. Les Royaumes héréditaires ou *patrimoniaux* sont ceux où le Souverain actuel a le droit de nommer lui-même son Successeur. Par exemple en *Russie*.

§. 19. Dans les Républiques, la forme de succession des Chefs est régulierement élective.

§. 20. La durée de leur Gouvernement dépend de la détermination des Loix fondamentales.

§. 21. A Venise le Doge est à vie, ainsi que les Chefs des Cantons aristocratiques en Suisse: à Gênes il est duennal, ailleurs annuel, semestral, ou menstruel.

§. 22. Comme dans les Royaumes successifs, les *minorités* sont inévitables, les Loix fondamentales ou l'Usage y ont établi régulierement d'avance la forme & le droit des *Régences*.

§. 23. En de certains pays la Régence appartient aux meres, en d'autres aux plus proches parens mâles; ailleurs le dernier Souverain nomme les Tuteurs & les Régens par son testament; en d'autres pays la Nation elle-même y pourvoit.

§. 24. Le terme de la minorité est partout fixé par les Loix fondamentales; en France seulement la majorité est fixée à la 13.me année révolue: ailleurs c'est communément la 18.e année.

§. 25. La forme des *Inaugurations* dépend de ce qui est réglé par les Loix fondamentales ou par l'Usage; le Sacre & le Couronnement est reçu partout, hormis en Espagne.

§. 26. Les Enfans *cadets* du Souverain doivent être entretenus aux dépens de l'Etat.

§. 27. Il n'y a régulierement que les *Enfans légitimes* qui fuccedent au Trône de leurs Peres.

§. 28. Le Souverain ne peut pas légitimer fes bâtards à l'effet de lui fuccéder ; il n'y a que le Peuple qui puiffe leur en donner le droit.

§. 29. Quand le fils aîné d'un Souverain eft incapable de gouverner, le fceptre paffe régulierement à fes freres cadets ; quelquefois le plus proche parent prend feulement la qualité de *Régent.*

CHAPITRE XIV.

De la maniere dont la Souveraineté fe perd ou expire.

§. 1. DANS les Monarchies quelconques la Souveraineté dure autant que la vie du Souverain.

§. 2. Les Souverainetés temporaires expirent à l'époque fixée par les Loix.

§. 3. Le Souverain ne peut pas abdiquer fans le confentement de la Nation.

§. 4. La Nation n'a pas le droit de dépofer fon Souverain ; à moins qu'il ne lui ait été réfervé par les Loix fondamentales de l'Etat.

§. 5. La Souveraineté cesse par la dissolution de la société, par le démembrement de l'Etat & par la rupture du Pacte social entre le Souverain & la Nation.

LIVRE III.

PRINCIPES DU DROIT DES GENS.

CHAPITRE I.

Origine, Nature, Division du Droit des Gens.

§. 1. Les Nations sont des Corps politiques, formés par la coalition de plusieurs sociétés libres & indépendantes, qui se sont réunies afin de procurer leur avantage général & particulier par des efforts communs.

§. 2. Ces Corps ayant un entendement & une volonté, sont des personnes morales, & ont à ce titre des droits à exercer & des obligations à remplir.

§. 3. Les Nations étant composées de sociétés libres, sont elles-mêmes libres & indépendantes, comme l'homme sauvage l'est dans l'état de nature.

§. 4. Il

§. 4. Il en résulte, que les Nations sont elles-mêmes soumises aux mêmes droits & aux mêmes obligations que l'homme dans l'état de nature.

§. 5. Le *Droit des gens* est la connoissance des droits qui appartiennent aux Nations & des obligations qui en résultent.

§. 6. Le Droit des gens n'est donc dans son origine, que le Droit de nature appliqué aux Nations.

§. 7. Le principe en est par conséquent, que les Nations doivent travailler d'abord à leur propre bonheur, & puis à celui des autres Nations, autant que cela peut se faire sans négliger ce qu'elles se doivent à elles-mêmes.

§. 8. Le Droit des gens est *absolu* ou *relatif*.

§. 9. Le Droit des gens absolu a pour base sa maxime *neminem læde:* Il est rigoureux, nécessaire, & tellement immuable que les Nations n'y peuvent rien changer par leurs conventions.

§. 10. Le Droit des gens relatif découle de la maxime, *suum cuique tribue.*

§. 11. Il est *originaire* ou *dérivé.*

§. 12. Le Droit des gens *originaire* est celui qui nous apprend les devoirs des Nations, tels qu'on les connoit par les seules lumieres de la saine raison.

§. 13. Le Droit des gens *dérivé* est celui qui nous apprend les droits & les devoirs des Nations tels qu'ils ont été établis par leur consentement réciproque.

§. 14. Comme le consentement peut être *présumé*, *tacite* ou *exprès*, le Droit des gens dérivé est aussi de trois espèces, savoir *volontaire*, *coutumier*, ou *conventionnel.* Le Droit des gens volontaire se fonde sur le consentement présumé, le coutumier sur le consentement tacite, le conventionnel sur des traités exprès.

§. 15. Le Droit des gens dérivé produit deux sortes d'obligations: l'une *parfaite*, l'autre *imparfaite.*

§. 16. L'obligation parfaite nous donne le droit *d'exiger* certaines choses d'une autre Nation, & de la contraindre même par force à les faire.

§. 17. L'obligation *imparfaite* nous donne seulement le droit de *demander* certaines choses, sans nous permettre la voie de contrainte.

§. 18. Toutes les fois que la Nation est en droit d'examiner & de juger, si elle est obligée ou non à de certains devoirs, l'obligation est *imparfaite.*

CHAPITRE II.

Des devoirs absolus des Nations entr'elles.

§. 1. LE Droit des gens absolu est celui qui résulte des seules lumieres de la raison. Il renferme donc les seules obligations naturelles.

§. 2. La premiere de ces obligations est purement *négative* & analogue à la maxime fondamentale du Droit de la nature, *neminem lœde*. Elle défend aux Nations d'attenter à l'existence & à la propriété des autres Nations. On a déja observé ci-dessus que les obligations négatives n'admettant ni exception, ni dispense, sont nécessaires & immuables.

§. 3. Toute Nation a pour elle la faveur de la nécessité, en vertu de laquelle il lui est permis de violer cette Loi générale, quand sa propre conservation l'exige. De-là le Droit de la Guerre contre des Puissances neutres: celui de construire des digues dans les rivieres frontalines, &c.

§. 4. Toute Nation a le droit de se défendre contre celle qui veut la léser ou lui faire injustice, & d'exiger la réparation du mal qu'on lui a fait. Ce droit subsiste tant que le péril dure.

§. 5. Le droit de repouſſer l'injuſtice eſt le fondement des guerres *défenſives* ; celui d'en exiger la réparation à main armée eſt le fondement des guerres *offenſives*.

§. 6. Toute Nation eſt tenue par un devoir *imparfait*, de travailler à la conſervation & à la perfection des autres Nations, autant qu'elle peut le faire ſans manquer à ſes devoirs envers elle-même. De-là le droit de ſe liguer contre un Prince malfaiſant.

§. 7. La Nation qui a beſoin de ſecours, peut les *demander*, mais non pas les *exiger*.

§. 8. Il reſte toujours à la Nation, dont une autre réclame les ſecours, le droit d'examiner & de juger ſi elle peut les lui accorder ſans ſe faire tort à elle-même.

§. 9. Les Nations ſe trouvent entr'elles dans l'obligation générale quoiqu'imparfaite de cultiver le Commerce.

§. 10. Toute Nation eſt en droit de faire le Commerce avec ceux qui veulent bien s'y prêter.

§. 11. Il appartient à chaque Nation de juger, s'il lui convient de faire un certain commerce.

§. 12. Toute Nation peut reſtreindre la liberté naturelle du Commerce par des Loix & par des Traités.

CHAPITRE III.

Des Droits & des Obligations résultantes de la liberté naturelle des Nations.

§. 1. TOUTES les Nations sont naturellement libres & indépendantes, l'une de l'autre.

§. 2. Il en résulte que chacune est maîtresse absolue de ses actions, tant qu'elles n'intéressent pas le droit parfait des autres.

§. 3. Aucune donc ne peut se mêler du Gouvernement des autres, à moins que d'en avoir acquis le droit par un titre particulier.

§. 4. Aucun Souverain ne peut s'ériger en juge de la conduite qu'un autre tient relativement à sa Nation, ni prendre connoissance de son administration.

§. 5. Quand une Nation, excédée de mauvais traitemens par son Souverain, se souleve contre lui, quand elle prend les armes, & que les choses en viennent à une guerre civile, le droit des gens *volontaire* permet aux autres Nations de prendre parti en sa faveur.

§. 6. On ne peut pas se mêler des affaires de Religion d'une autre Nation, que dans le cas d'une persécution *tyrannique.*

§. 7. Le Souverain peut & doit exiger des autres Nations de rendre justice à ses sujets.

§. 8. On ne peut imputer à la Nation les actions des Particuliers, à moins qu'elle ne les *approuve* ou qu'elles ne soient dans ses *mœurs*.

§. 9. Le Souverain est tenu de faire réparer & de punir les torts commis par ses sujets.

§. 10. Le Souverain peut punir les sujets étrangers qui font injure à ceux de sa Nation.

CHAPITRE IV.

Des Droits & des devoirs relatifs d'une Nation.

1.° *Du Domaine.*

§. 1. COMME les Nations ont les mêmes droits que les personnes libres & indépendantes, il s'ensuit qu'elles peuvent acquérir la propriété de toutes les choses qui sont de nature à être possédées.

§. 2. Cette propriété s'appelle *Domaine*. Il réunit à la fois la *possession* & l'*empire*.

§. 3. La Nation a le droit d'exclure toutes les autres de la jouissance & de l'usage des choses dont elle a acquis la propriété.

§. 4. Le Domaine de la Nation s'étend fur tous les biens poffédés par les membres qui la compofent, & fur tous les droits qui leur appartiennent.

§. 5. Une Nation qui a quelque droit aux biens d'une autre, en a auffi un aux biens de chaque individu de cette Nation, jufqu'à la concurrence de la dette. De-là les *Repréfailles.*

§. 6. Le Domaine *originaire* d'une Nation a été formé par la réunion des propriétés particulieres des individus qui l'ont compofée.

§. 7. Le Domaine *acquis* fe fonde fur l'*occupation*, ou fur l'*acceffion*, ou fur des *Pactes.*

§. 8. La Nation a le droit d'occuper les chofes qui n'appartiennent à perfonne.

§. 9. Cette occupation eft ou *préfumée* ou *effective.*

§. 10. L'occupation *préfumée* a lieu à l'égard de toutes les terres incultes qui fe trouvent enclavées dans le territoire d'une Nation.

§. 11. Il en réfulte que toutes les terres entourées par le territoire d'une Nation font préfumées faire partie de ce territoire, jufqu'à ce que le contraire foit démontré.

§. 12. Les côtes de la mer sont présumées dépendre du territoire auquel elles sont contigues.

§. 13. L'occupation *effective* exige trois conditions. 1.° Que la chose qu'on veut occuper soit de nature à pouvoir l'être; 2.° qu'elle n'appartienne à personne, & 3.° que la Nation l'ait appréhendée de fait & avec *l'intention de se l'approprier.*

§. 14. Il résulte du premier axiome que la mer n'étant pas susceptible d'être occupée, ne peut pas tomber dans le domaine d'aucune Nation.

§. 15. On distingue à cet égard la haute mer de celle qui baigne les côtes d'une Nation: la premiere est absolument libre à toutes les Nations; la seconde est censée faire partie du territoire qu'elle avoisine: cette présomption est fondée sur le droit des *gens volontaire*, qui a établi la regle des trois lieues.

§. 16. La mer voisine des côtes appartient aû Souverain du territoire, parcequ'il la peut défendre & que sa sûreté exige qu'il l'occupe.

§. 17. Les mers intérieures appartiennent au Souverain du territoire qui les entoure.

§. 18. Les Bayes, les Golfes & les Détroits dépendent des territoires qui les forment, s'ils appartiennent à un *ſeul maître*, & ſi leur étendue eſt telle qu'ils puiſſent *être occupés*.

§. 19. La ſeconde condition eſſentielle de l'occupation entre les Nations c'eſt que la choſe qu'elles veulent occuper *n'appartienne à perſonne*.

§. 20. Le prétexte de Religion, ni les donations de la Cour de Rome, ni l'avantage du Commerce ne ſont donc point de raiſons ſuffiſantes pour occuper un pays.

§. 21. On ne peut pas occuper les terres poſſédées par une Nation agricole: mais bien partie de celles qui appartiennent à des Peuples Chaſſeurs ou Nomades.

§. 22. Un pays abandonné par une Nation peut être légitimement occupé par une autre.

§. 23. L'abandon ſe *préſume* auſſi entre les Nations, par conſéquent le droit de *preſcription* a lieu entr'elles.

§. 24. Il n'y a que la preſcription immémoriale ou bien un ſilence long & abſolu de la part du Peuple propriétaire, qui puiſſe fonder l'occupation d'un pays dont l'abandon eſt préſumé.

§. 25. La troiſieme condition *eſſentielle* de l'occupation d'un pays, c'eſt que le Peuple qui veut se l'approprier en ait *réellement* appréhendé la *possession*, dans l'intention de la conserver.

§. 26. Il faut donc qu'il existe des preuves *incontestables* de l'occupation & qu'elle se soit faite *effectivement*. Cependant on admet aussi la preuve par *présomption* quand il existe un fleuve considérable qui puisse servir de limite.

§. 27. Les Isles voisines d'un continent *réellement* occupé par une Nation sont censées lui appartenir, quoiqu'elle ne les ait pas occupées.

§. 28. Il en est de même des terrains dont la possession est absolument nécessaire pour la sûreté de la propriété & de la jouissance du territoire occupé.

§. 29. Tout ce qui accede à un territoire, appartient au Maître du territoire.

§. 30. Si la riviere qui forme la limite d'un territoire tarit, ou prend son cours ailleurs, le lit appartient aux Maîtres des territoires contigus & continue de faire la limite entre eux, à moins qu'ils n'en soient convenus autrement.

§. 31. Le Droit d'*alluvion* ou d'*atterissement insensible* a lieu entre les Nations.

§. 32. Il eſt défendu de faire des ouvrages tendans à détourner le courant d'un fleuve ou à en gêner l'uſage.

§. 33. Les terrains gagnés ſur la mer appartiennent au territoire contigu.

§. 34. On n'a pas beſoin de prouver l'occupation de la choſe accédée : elle ſe préſume faite au droit de notre propriété.

§. 35. L'acceſſion *fortuite* d'une choſe appartenante à un autre Peuple, a lieu entre les Nations, par ex. les épaves, les effets naufragés.

§. 36. Comme la Souveraineté eſt inſéparable du Domaine, la Nation qui poſſede un pays y exerce la juriſdiction la plus abſolue.

§. 37. Les Etrangers qui s'y établiſſent ſont ſoumis aux Loix de la Nation.

§. 38. Mais ils ne ceſſent pas d'être Citoyens de la Nation dont ils ſont originaires, à moins qu'ils n'aient déclaré le contraire.

§. 39. Ils ſont ſoumis aux impoſitions & à toutes les obligations des Citoyens.

§. 40. Leurs biens immeubles ſont ſoumis aux Loix du pays ; mais point les *meubles* délaiſſés par eux en mourant.

§. 41. Le Droit *d'Aubaine* eſt contraire au Droit des gens originaire, mais le Droit de *Détraction* y eſt conforme.

§. 42. Les Etrangers ont le Droit *d'uſage* ſur les biens poſſédés par une Nation, mais ſeulement dans le cas de néceſſité *abſolue.*

§. 43. Ou lorſque l'uſage en eſt *inépuiſable.*

§. 44. Et à condition de l'uſage *innocent.*

§. 45. La Nation propriétaire eſt en droit de juger ſi l'uſage eſt innocent ou non.

CHAPITRE V.

Des Traités & des Conventions publiques.

§. 1. TOUTE Nation conſidérée comme une perſonne morale étant douée d'intelligence & de volonté, il s'enſuit qu'elle peut contracter des Engagemens envers d'autres perſonnes morales.

§. 2. Les Engagemens contractés par une Nation s'appellent d'un nom générique, *Traités*, *Fœdera*, *Pacta.*

§. 3. Les Pactes ſe diviſent en *Traités* proprement dits & en *Conventions*.

§. 4. On appelle *Conventions* tous les Pactes qui ont pour objet des affaires transitoires & qui s'accomplissent par un acte unique.

§. 5. On appelle *Traités* les Pactes qui reçoivent une exécution successive, & dont la durée égale celle du Traité.

§. 6. Les Traités ni les Conventions ne peuvent se faire que par les Souverains qui ont le *droit* & la *volonté* de contracter au nom de la Nation.

§. 7. C'est dans les Loix fondamentales de chaque Etat qu'il faut voir qu'elle est la puissance capable de faire des Traités publics.

§. 8. Les Traités conclus au nom du Souverain par ses Mandataires exprès ou présumés, n'ont force de Loix, qu'après qu'il les a lui-même ratifiés; auparavant ce sont de simples *sponsions* ou accords.

§. 9. La simple lésion ne rend point un Traité invalide; mais il l'est quand il est pernicieux à l'Etat, parcequ'aucun Souverain n'a le droit de s'engager à des choses qui pourroient détruire l'Etat.

§. 10. Les Traités doivent être saintement observés; parceque n'y ayant point de Juges entre les Nations, c'est la seule foi des promesses qui fait leur sûreté.

§. 11. Les Traités à raiſon de leur objet, ſont égaux ou inégaux.

§. 12. Les Traités *égaux* ſont ceux où les deux parties contractantes ſe promettent la même choſe : on appelle *inégaux* les Traités dans leſquels les Contractans ne ſe promettent pas l'équivalent.

§. 13. Il y a une différence à faire entre les Traités *égaux* & les *Alliances égales.* Dans les Traités égaux l'égalité eſt gardée entre les promeſſes : dans les Alliances égales, l'égalité conſiſte en ce qu'on n'admet point de ſupériorité entre les Contractans.

§. 14. Les Nations étant *éternelles*, il s'enſuit que les Traités conclus en leur nom ſont auſſi régulierement *perpétuels*, & qu'on les répute tels, à moins que le contraire n'ait été expreſſément ſtipulé.

§. 15. Les Traités perpétuels ou dont la durée n'eſt pas circonſcrite, obligent le Souverain qui les a conclus & tous ſes Succeſſeurs.

§. 16. Il n'eſt pas néceſſaire que le Succeſſeur confirme les Traités faits par ſon Prédéceſſeur.

§. 17. Les Traités *temporaires* finiſſent auſſitôt que leur terme eſt arrivé, ou que leur objet eſt rempli.

§. 18. Les Traités *perpétuels* se rompent ou d'un commun *accord*;

§. 19. Ou par *l'inexécution* de la part d'une des Parties contractantes, soit du Traité entier, soit seulement de quelques-unes de ses conditions. La violation d'un seul article emporte la rupture de tout le Traité, à moins qu'il ne soit autrement convenu;

§. 20. Ou par la destruction de l'une des Parties contractantes.

§. 21. Les Contrats privés du Souverain sont soumis aux Loix de l'Etat.

§. 22. Les Contrats faits par le Souverain au nom de l'Etat avec des Particuliers étrangers, ont la nature de Conventions.

§. 23. Les dettes contractées par le Souverain doivent être payées par la Nation.

CHAPITRE VI.

De la garantie des Traités & de leur exécution.

§. 1. La foi des Traités est fortifiée par le *serment*, par l'*assévération*, par des *garanties*, & par des *ôtages*.

§. 2. Le ferment autrefois très-commun & usité entre toutes les Nations, ne l'est plus gueres aujourd'hui.

§. 3. Les *assévérations* ou promesses faites en engageant la foi & parole du Souverain, ont lieu dans toutes les ratifications des Traités.

§. 4. Les *garanties* sont des Engagemens contractés par un Souverain de procurer l'observation d'un Traité conclu entre d'autres Puissances.

§. 5. La garantie peut être promise à toutes les Parties contractantes & à une seulement.

§. 6. Elle ne donne aucun droit au garant d'intervenir dans l'exécution du Traité, sans en être requis.

§. 7. Le Garant n'est régulierement tenu de donner des secours, que dans le cas où la partie requérante ne seroit pas en état de se procurer elle-même justice.

§. 8. Le Garant a le droit de juger si le cas de la garantie existe ou non.

§. 9. La garantie ne sauroit nuire aux droits d'un tiers.

§. 10. La garantie dure autant que le Traité sur lequel elle a été donnée.

§. 11. Les

§. 11. Les *ôtages* ſont des perſonnes conſidérables, que le promettant donne à celui envers qui il s'engage, pour les retenir juſqu'à l'accompliſſement de ce qu'il a promis.

§. 12. Il en réſulte que le Souverain qui les reçoit, n'a que le droit de les retenir juſqu'à l'accompliſſement de ce qui lui a été promis par le Traité.

§. 13. Leur liberté ſeule étant engagée, on peut bien les réduire en captivité, quand celui qui les a donnés, manque de parole ; mais on ne peut pas les maltraiter.

§. 14. Les ôtages doivent être renvoyés dès que les promeſſes ſont remplies.

§. 15. Ils ne ſauroient être retenus pour un autre ſujet que pour celui, par rapport auquel ils ont été donnés, à moins que ce ne ſoit pour des obligations perſonnelles.

§. 16. L'ôtage qui meurt n'eſt pas remplacé, à moins qu'on n'en ſoit convenu autrement.

§. 17. Quand il s'éleve des doutes ſur les ſens d'un Traité, il n'eſt pas permis d'interpréter ce qui n'a pas beſoin d'interprétation.

§. 18. Si celui qui avoit intérêt à s'expliquer clairement ne l'a point fait, l'interprétation doit ſe faire contre lui.

§. 19. Ni l'un ni l'autre Contractant ne peut interpréter l'Acte à ſon gré.

§. 20. Les paroles d'un Traité doivent être interprétées conformément à leur ſens ordinaire, au ſens le plus convenable au ſujet, & ſurtout à celui qui ne préſente point d'abſurdité.

§. 21. Dans la colliſion de deux Traités celui qui permet, doit céder à celui qui défend ou qui ordonne.

§. 22. La Loi qui ordonne cede à celle qui défend. Tout engagement affirmatif eſt conditionnel.

§. 23. S'il y a colliſion entre deux Traités faits avec la même perſonne, le dernier l'emporte ſur le plus ancien : ſi ce ſont des Traités faits avec différentes perſonnes, le plus ancien eſt préféré.

§. 24. L'engagement particulier l'emporte ſur le général.

§. 25. La plus forte obligation l'emporte ſur la plus foible.

CHAPITRE VII.

Du Droit d'Ambaſſade & des Miniſtres publics.

§. 1. LE bien général des Sociétés exige que les Nations traitent & communiquent enſemble.

§. 2. Elles le font par le moyen des Miniſtres publics.

§. 3. Tout Etat ſouverain eſt en droit d'envoyer & de recevoir des Miniſtres publics : les Traités de Protection, ni le Vaſſallage, ni même la qualité de Tributaire n'en empêchent pas.

§. 4. Il y a même de ſimples Gouverneurs de Provinces auxquels ce droit appartient par la conceſſion du Souverain.

§. 5. Comme ce droit réſide dans la Nation, il eſt exercé pendant les interregnes & pendant les minorités par ceux qui tiennent les rênes du Gouvernement.

§. 6. Le refus d'entendre ou d'admettre le Miniſtre public d'une Nation étrangere, eſt une injure qu'on lui fait.

§. 7. Mais non pas le refus de recevoir des Miniſtres perpétuels.

§. 8. Comme aucune Nation n'eſt Juge de la conduite d'une autre, on peut ſans injuſtice recevoir les Miniſtres publics envoyés par un Uſurpateur.

§. 9. Tous les Miniſtres publics repréſentent le Souverain qui les envoye.

§. 10. Il y a deux ſortes de *repréſentations:* l'une n'eſt relative qu'aux affaires & aux droits du Souverain; l'autre ſe rapporte auſſi à ſa dignité & à ſa prééminence.

§. 11. La ſeconde eſpece de repréſentation eſt celle qui donne le caractere *repréſentatif.*

§. 12. Le Droit des gens volontaire a introduit quatre eſpeces de Miniſtres publics qu'il déſigne ſous les noms d'*Ambaſſadeurs*, d'*Envoyés*, de *Miniſtres* & de *Réſidens.*

§. 13. Les Ambaſſadeurs ſont ou *ordinaires* ou *extraordinaires*: ceux-ci ont le rang devant les Ambaſſadeurs ordinaires de la même Cour: on les appelle Miniſtres du premier ordre & ils poſſedent le caractere repréſentatif par excellence. Les Nonces du Pape appartiennent à cette claſſe.

§. 14. Les *Envoyés* ſont *ordinaires* ou *extraordinaires:* les ordinaires ne ſont preſque plus en uſage & on les confond communément avec les Résidens ou Ministres du troisieme ordre. Les Envoyés extraordinaires forment le second ordre des Ministres publics.

§. 15. Les *Ministres* proprement dits sont une invention nouvelle, du Droit des gens volontaire que l'embarras de l'étiquette a occasionnée. On les divise en *Ministres plénipotentiaires* & en Ministres *sans caractere*. Les Plénipotentiaires suivent immédiatement les Ambassadeurs & marchent sur la même ligne avec les Envoyés extraordinaires. Les simples Ministres appartiennent au troisieme rang.

§. 16. Les Résidens sont des Ministres du troisieme rang.

§. 17. Les *Agens*, les *Députés*, les *Chargés d'affaires* ne font pas corps avec les Ministres publics, quoiqu'ils participent aux prérogatives du Droit des gens.

§. 18. Le Droit d'envoyer des Ambassadeurs n'appartient qu'aux Têtes couronnées & à ceux qui en ont les droits.

§. 19. On n'envoye communément aux Souverains étrangers que des Ministres pareils en grade à ceux qu'ils envoyent eux-mêmes.

§. 20. Les Ministres que l'Empereur d'Allemagne envoye en cette qualité pour exercer dans l'Empire quelques fonctions dépendantes de la Majesté impériale, s'appellent *Commissaires*, & s'il y en a deux, le premier se nomme *principal Commissaire* & le second *Concommissaire*.

§. 21. On connoit le caractere des Ministres publics par leurs *Lettres de créance*.

§. 22. La Lettre de créance est l'instrument qui constitue & authorise les Ministres dans leur caractere auprès du Prince à qui elles sont adressées.

§. 23. Elle differe essentiellement du *plein-pouvoir* qui authorise le Ministre à conclurre de certains engagemens au nom de son Souverain.

§. 24. Quand le Souverain d'un Ministre public se trouve en même lieu avec son Ministre, le caractere & les fonctions de celui-ci *cessent* régulierement : à moins que le Souverain ne garde l'incognito ou qu'il joue deux personnages différens.

§. 25. Souvent le même Ministre est accrédité à plusieurs Cours à la fois.

§. 26. Et quelquefois un Ministre est accrédité auprès du même Souverain de la part de plusieurs Cours : mais ni l'un ni l'autre ne se fait communément entre Souverains du premier rang.

§. 27. Les Souverains ont le droit de s'oppoſer au choix qu'on voudroit faire d'une perſonne, qui leur ſeroit deſagréable, pour les accréditer auprès d'eux.

§. 28. Les Souverains peuvent refuſer & refuſent ordinairement leurs ſujets qu'un Prince étranger voudroit accréditer auprès d'eux.

§. 29. Il n'exiſte qu'un ſeul exemple d'une femme Ambaſſadrice de ſon Chef.

Mde. de Béthune en Pologne.

§. 30. Les Lettres de créance ſont dreſſées dans les langues uſitées entre les Souverains qui envoyent & qui doivent recevoir le Miniſtre.

CHAPITRE VIII.

Des honneurs, des droits, privileges & franchiſes des Miniſtres publics.

§. 1. LES honneurs dus aux Miniſtres publics ſont proportionnés à leur rang.

§. 2. Le caractere repréſentatif donne à celui qui le porte le droit de ſe *couvrir* devant le Souverain, devant lequel il paroît en cérémonie, *l'excellence, le rang immédiatement après la famille du Souverain, le Dais, &c.*

§. 3. La personne des Ministres publics est *sacrée & inviolable.*

§. 4. Ils sont sous la protection du Droit des Gens dès l'instant qu'ils arrivent dans les Etats du Souverain à qui ils sont adressés.

§. 5. Ils jouissent de la même protection en passant par des pays étrangers pour se rendre à leur destination.

§. 6. Mais point en passant par des pays ennemis sans passeport.

§. 7. Les Hérauts & les Trompettes en tems de guerre, jouissent de la même protection; mais on peut refuser de les admettre.

§. 8. Les Ministres étrangers sont entierement indépendans de la jurisdiction & de l'authorité de l'Etat où ils résident; ils ne dépendent que de celles de leur propre Souverain.

§. 9. S'ils commettent des fautes contre le Prince auprès duquel ils résident, on peut les chasser, leur donner des gardes, & en de certains cas même les faire arrêter pour les faire conduire sur les frontieres.

§. 10. Ces cas ne se présument point: il faut avoir la preuve en main que le Ministre public se soit conduit en ennemi de l'Etat où il réside.

§. 11. Les *Privileges des Ministres* publics sont fondés sur le consentement des Nations, & ils ne subsistent qu'à la faveur de la réciprocité. On appelle *Privileges*, les Droits non-néceſſaires au succès de l'Ambaſſade.

§. 12. Le Ministre public profeſſant une autre Religion que celle du pays où il réside, en a le libre exercice dans sa maison, pour lui & pour les personnes de sa suite seulement.

§. 13. Le Droit de Chapelle pour les étrangers n'est fondé que sur la réciprocité, & c'est au Souverain du lieu à en déterminer les bornes.

§. 14. Les Ministres publics sont exemts à raison de leur indépendance, de toute imposition personnelle & relative à la qualité du sujet de l'Etat.

§. 15. Mais ils ne le sont pas néceſſairement des droits imposés sur les marchandises & les denrées.

§. 16. Chaque Cour a ses usages particuliers à cet égard ; mais ces usages doivent être généraux.

§. 17. L'exemtion des droits emporte l'exemtion des visites & *viceve*[illegible].

§. 18. Le Ministre public est toujours considéré comme vivant au milieu de la Cour de son Maitre.

§. 19. On ne peut pas faire arrêter un Ministre étranger, ni faire saisir ses meubles, *pour dettes.*

§. 20. Mais s'il est rappellé, on peut lui refuser les passeports & faire arrêter ses équipages jusqu'à ce qu'il ait satisfait ses Créanciers.

§. 21. Cette indépendance n'a lieu qu'à l'égard des biens nécessaires à l'entretien du Ministre public: s'il fait le Commerce, s'il passe des Contrats, s'il achette des Terres, il est obligé sous tous ces rapports à subir la jurisdiction du pays où il est accrédité.

§. 22. La maison d'un Ambassadeur est entierement inaccessible aux Ministres de la Justice du lieu où il réside.

§. 23. Mais elle ne peut pas servir d'asyle, & l'on peut en arracher de force les Criminels que le Ministre prendroit sous sa protection.

§. 24. Les Equipages de l'Ambassadeur ont le même droit que sa Maison, avec les mêmes restrictions.

§. 25. L'indépendance de l'Ambassadeur s'étend sur sa Famille & sur sa Suite.

§. 26. Le Ministre public est le Juge suprême des Gens de sa suite, excepté les cas où la peine de mort doit être prononcée.

§. 27. Les prérogatives des Ambaſſadeurs ſubſiſtent juſqu'à leur retour auprès du Maître qui les a envoyés.

§. 28. Ils conſervent ces prérogatives après la mort du Souverain qui les a envoyés juſqu'à leur rappel abſolu, ou juſqu'à l'arrivée de leurs nouvelles Lettres de Créance.

CHAPITRE IX.

Des manieres de terminer les Différends entre les Nations.

§. 1. TOUTE Nation eſt obligée de rendre à l'autre ce qui lui appartient, de la laiſſer jouir de ſes droits & de réparer les injures qu'elle lui a faites, & les dommages qu'elle peut lui avoir cauſés.

§. 2. Le Souverain n'étant qu'Adminiſtrateur des Biens & des Droits de la Nation, n'en peut rien relâcher à moins que le plus grand bien de l'Etat ne l'exige.

§. 3. Les Différends qui s'élevent à cet égard, ſont terminés ou par la voie d'un *accommodement amiable*, quand l'une ou l'autre partie ſe déſiſte de ſa prétention.

§. 4. Ou par celle de la *Transaction*, quand sans décider des prétentions réciproques, on se relâche de part & d'autre :

§. 5. Ou par la *Médiation* d'un ami commun qui procure un accommodement ou une transaction sans être Garant du Traité qu'il a menagé :

§. 6. Ou par celle de l'*arbitrage* quand les Nations impliquées dans une Contestation en confient la décision à des arbitres choisis d'un commun accord ; & alors il faut qu'elles s'en tiennent à leur sentence à moins qu'elle ne pèche par une injustice manifeste & contraire à la raison.

§. 7. Nulle Nation n'est tenue de se soumettre à ces divers moyens de conciliation, quand elle défend un droit *évident & essentiel :* mais elle ne sauroit les refuser lorsque le différend roule sur un point *litigieux* & de peu d'*importance.*

§. 8. Pour faire réparer les torts qu'une Nation a éprouvés, elle peut se servir de la *retorsion de droit :* ce qui arrive quand la Nation use envers les sujets d'une autre des mêmes droits dont celle-ci use envers les siens.

§. 9. Quand une Nation détient injustement les Biens qui appartiennent à une autre, celle-ci peut ſe ſaiſir des biens de la premiere juſqu'à la concurrence de ce qu'elle a à répéter ; on appelle cette réparation des *Repréſailles.*

§. 10. Les Biens des particuliers ſont ſujets à des Repréſailles, quand ils ne les ont pas confiés à la Nation qui exerce ce droit.

§. 11. Les Repréſailles ne peuvent être accordés qu'en faveur des ſujets de la Nation qui les exerce, & non pas en faveur des Étrangers.

§. 12. Ils tombent ſur les Perſonnes comme ſur les Biens.

§. 13. Le dernier moyen de ſe faire rendre juſtice par une Nation étrangere c'eſt la *guerre.*

CHAPITRE X.

De la Guerre en général & du Droit de la faire.

§. 1. La Guerre eſt l'état par lequel on pourſuit ſon droit par force.

§. 2. La Guerre eſt *publique* quand elle ſe fait de Nation à Nation, & par ordre de la Puiſſance publique : elle eſt *particuliere* quand elle ſe fait entre Particuliers : celle-ci appartient au droit de nature, celle-là au droit des Gens.

§. 3. La Guerre *publique* eſt ou *défenſive* ou *offenſive.*

§. 4. On appelle Guerre défenſive celle qu'on fait pour repouſſer un Ennemi qui nous attaque: ſon objet eſt la défenſe de ſoi-même.

§. 5. La Guerre offenſive ſe fait en prenant les armes pour attaquer une Nation avec laquelle on vivoit en paix.

§. 6. La Guerre offenſive n'eſt *juſte* qu'autant qu'elle ſe fait pour pourſuivre un droit, pour faire réparer une injure ou pour détourner un danger dont nous ſommes menacés.

§. 7. Tout ce qui donne atteinte aux droits parfaits d'une Nation eſt une juſte cauſe de Guerre ; parce que c'eſt une injure qu'on lui fait.

§. 8. Le but de toute Guerre juſte eſt donc de *venger* ou de *prévenir* une injure.

§. 9. Il en réſulte que les ſeules Cauſes ſuivantes d'une Guerre ſont juſtes : faire rendre ce qui nous appartient, pourvoir à notre ſûreté, repouſſer une injuſtice manifeſte.

§. 10. Une Guerre entrepriſe pour la ſeule utilité eſt toujours injuſte.

§. 11. On peut légitimement faire une Guerre offenſive à un Prince conquérant & ambitieux, ſans attendre qu'il nous attaque nous-mêmes.

§. 12. C'eſt ce qu'on appelle maintenir l'*Équilibre* de l'*Europe*.

§. 13. On peut faire la Guerre à un voiſin qui fait des Préparatifs militaires, leſquels ne peuvent raiſonnablement être deſtinés que contre nous ; s'il refuſe d'en donner raiſon ou de les ceſſer.

§. 14. On ne doit pas commencer de Guerre quand la partie adverſe offre des Conditions de paix équitables.

§. 15. Les Déclarations de Guerre ſont d'une néceſſité indiſpenſable.

§. 16. Il n'eſt pas beſoin qu'elles précedent de beaucoup le commencement des hoſtilités.

§. 17. Outre la Déclaration de Guerre il eſt néceſſaire de publier des Manifeſtes qui inſtruiſent les autres Nations de la Guerre qu'on veut entreprendre, & des motifs qu'on a de la faire.

§. 18. On ne peut pas commettre des hoſtilités contre les ſujets de la puiſſance ennemie qui au moment de la déclaration de Guerre ſe trouvent dans nos États.

§. 19. Le droit de la Guerre n'a lieu que dans le cas où toutes les formes en ont été obſervées : quand on y manque, la partie attaquée n'eſt pas tenue d'uſer envers ſes ennemis des ménagemens que ce droit preſcrit.

CHAPITRE XI.

De l'Ennemi, de ses alliés & de ses auxiliaires.

§. 1. ON appelle Nation ennemie, celle avec laquelle on est en Guerre ouverte.

§. 2. Tous les Sujets de deux Souverains ennemis sont ennemis les uns des autres.

§. 3. Les Biens & les Effets appartenans aux Sujets de deux Souverains belligerans sont par conséquent regardés comme des Biens appartenans à l'ennemi.

§. 4. Les Alliances relatives à la Guerre sont *offensives* ou *défensives* : dans celles-ci on s'engage seulement à défendre son allié : dans celles-là on se joint à lui pour attaquer une autre Nation.

§. 5. Les *Auxiliaires* sont des Troupes qu'un Prince donne à une des Parties belligerantes sans prendre directement part à la Guerre.

§. 6. Si ces secours se donnent pour prix d'argent on appelle ces Troupes *subsidiaires*, & le traité en vertu duquel on les fournit s'appelle traité de *subsides*.

§. 7. On peut donner légitimement des ſecours à une Nation qui fait une guerre juſte.

§. 8. On peut faire légitimement des Alliances *pour guerre*, ſurtout des Alliances défenſives; mais le *caſus fœderis* ſuppoſe toujours que la guerre que notre Allié veut entreprendre ne ſoit pas *évidemment* injuſte.

§. 9. Dans le cas d'une Alliance défenſive, le *caſus fœderis* n'exiſte pas quand notre Allié a commencé la guerre. Il n'exiſte que lorſque ſon ennemi refuſe les conditions raiſonnables que nous lui offrons pour réparer ſon injure.

§. 10. On eſt diſpenſé d'envoyer du ſecours à ſon Allié quand on ſe trouve ſoi-même dans un danger éminent.

§. 11. On ne peut pas regarder comme ennemis ceux qui en vertu d'une Alliance défenſive, antérieure à la guerre qu'on nous fait, donnent les ſecours ſtipulés à nos ennemis.

§. 12. Mais ils deviennent nos ennemis directs quand ils font cauſe commune avec lui; ainſi que

§. 13. Ceux qui l'aſſiſtent ſans y être obligés par des Traités,

§. 14. Ceux qui ont conclu avec lui une Alliance défenſive depuis le commencement de la guerre,

§. 15. Enfin ceux qui ſe ſont engagés même avant le commencement de la guerre de l'aſſiſter de toutes leurs forces.

§. 16. On n'a pas beſoin de déclarer la guerre aux Aſſociés de notre ennemi.

§. 17. Une Nation qui ne donne à ſon Allié que les ſecours auxquels elle eſt obligée en vertu d'un Traité antérieur à la guerre, ne rompt pas la neutralité.

§. 18. Une Nation ne rompt pas la neutralité, ſi elle uſe de ſes droits en vue de ſon propre bien & ſans partialité.

§. 19. Ainſi une Nation ne ceſſe pas d'être neutre, quand les ſujets placent leur argent chez notre ennemi; mais elle ne l'eſt plus, quand l'Etat lui-même fournit les fonds néceſſaires pour mettre les ennemis en état de nous attaquer.

§. 20. On ne rompt pas la neutralité en vendant à notre ennemi des munitions de guerre, lorſqu'on offre de nous en rendre autant.

§. 21. On peut enlever les munitions de guerre qu'une Nation réputée neutre, porte à nos ennemis, après que nous leur avons déclaré la guerre.

§. 22. On appelle marchandiſes de *contrebande* toutes celles qui ſervent particulierement à la guerre.

§. 23. Pour connoître ſi un vaiſſeau neutre n'eſt pas chargé de contrebande, on peut l'arrêter & le viſiter en pleine mer.

§. 24. Les marchandiſes autres que de contrebande, quand elles ſont chargées ſur un vaiſſeau neutre, ne peuvent pas être ſaiſies lors même qu'elles appartiendroient à l'ennemi.

§. 25. Tout commerce avec une place aſſiégée ou bloquée eſt entierement interdit aux Peuples neutres.

§. 26. Les Traités de commerce conclus avant le commencement d'une guerre doivent être exécutés par la Nation neutre: leur obſervation ne produit pas le ſoupçon de partialité.

§. 27. Une Nation neutre n'eſt pas tenue d'accorder le paſſage ſur ſon territoire aux Nations belligérantes.

§. 28. L'extrême néceſſité peut autoriſer une Nation à forcer le paſſage qu'on lui refuſe, même par des bonnes raiſons.

§. 29. On peut vendre dans un pays neutre les priſes & le butin faits ſur l'ennemi; mais non pas y conduire des Priſonniers.

F 2

§. 30. Quoiqu'une Nation ait accordé le paſſage d'une armée ennemie, elle ne doit point ſouffrir qu'on ſe ſerve de ſon territoire pour l'attaquer.

§. 31. Tout paſſage doit être innocent.

CHAPITRE XII.

Du Droit de la Guerre proprement dit.

§. 1. Le but de toute guerre juſte eſt de venger ou de prévenir une injure.

§. 2. On peut par conſéquent faire contre l'ennemi, après lui avoir déclaré la guerre, tout ce qui eſt néceſſaire pour obtenir de lui juſtice & ſûreté.

§. 3. Le Droit de la guerre donne tout pouvoir ſur la perſonne de l'ennemi, tant qu'il a les armes à la main.

§. 4. On peut quelquefois mettre à mort des ennemis qui ſe ſont rendus par Capitulation, lorſqu'ils ſe rendent coupables de quelques crimes atroces, ou qu'on ſe trouve dans la néceſſité d'uſer de repréſailles.

§. 5. Le Droit de la guerre ne donne pas d'autre droit ſur la perſonne des ennemis, qui ne portent pas les armes, que celui de les faire Priſonniers.

§. 6. On ne peut pas maltraiter des Prisonniers de guerre, mais il est permis de les retenir.

§. 7. La rigueur du droit de la guerre permet de réduire les Prisonniers à l'esclavage.

§. 8. Un Souverain est le maître de consentir ou de ne pas consentir à l'échange ou à la rançon des Prisonniers.

§. 9. Quoiqu'on ait tout pouvoir sur la personne de l'ennemi, on ne peut pas le tuer par trahison.

§. 10. Il est également défendu d'user des poisons; parceque c'est multiplier inutilement les maux que la guerre occasionne.

§. 11. Il ne faut jamais faire plus de mal à l'ennemi, qu'il n'est nécessaire pour le réduire à la nécessité de nous rendre justice.

§. 12. Le Droit de la guerre met en notre puissance toutes les choses appartenantes à notre ennemi; non-seulement pour nous indemniser des frais de la guerre, mais aussi pour mettre l'ennemi hors d'état de nous résister.

§. 13. On peut faire des conquêtes sur l'ennemi soit pour le punir, soit pour l'engager à donner une juste satisfaction.

§. 14. Le butin appartient régulierement au soldat ; mais les contributions sont dues au Souverain.

§. 15. Les dégâts & les ravages sont permis en de certaines occasions.

§. 16. Tout acte qui de sa nature ne fait rien au succès des armes, & n'affoiblit pas l'ennemi, est défendu.

§. 17. La foi & la parole doivent être sacrées entre ennemis.

§. 18. Tous les Traités antérieurs à la rupture, qui peuvent subsister avec l'état de la guerre, doivent être observés ; ainsi que tous ceux conclus à l'occasion de la guerre & pendant sa durée.

§. 19. On n'est pas obligé d'observer les Traités faits avec un ennemi qui les a enfreints le premier.

§. 20. Tous les stratagêmes exemts de perfidie sont permis entre ennemis.

§. 21. Il est permis d'employer & de punir des espions.

§. 22. Il n'est pas défendu de séduire les sujets & les soldats de l'Ennemi ; parceque cet acte n'attaque pas le fondement du salut commun des hommes.

§. 23. Un Souverain qui fait une guerre manifeſtement injuſte, ne jouit pas des Droits de la guerre dans le for du Droit de nature.

§. 24. Suivant le Droit des gens volontaire, toute guerre en forme eſt regardée comme juſte de part & d'autre.

§. 25. La meſure des acquiſitions à faire par le Droit de la guerre, eſt celle de la réparation que nous pourſuivons, & de la ſûreté à laquelle nous devons pourvoir.

§. 26. L'acquiſition par guerre n'eſt conſommée quant aux choſes mobiliaires, que lorſqu'elles ont été miſes en lieu de ſûreté.

§. 27. Quant aux Villes & aux Provinces elles ne ſont cenſées parfaitement acquiſes, qu'au moyen de la renonciation de leur ancien Souverain, conſacrée dans un Traité de paix.

§. 28. La choſe conquiſe paſſe ſous la domination du Conquérant avec les mêmes droits qu'y avoit exercé l'ancien Propriétaire.

§. 29. Les poſſeſſions des Particuliers ne ſont pas ſoumiſes au droit de conquête.

§. 30. Les perſonnes & les choſes priſes par l'Ennemi, ſont rendues à leur premier état, quand elles reviennent ſous la domination de leur ancien Maître.

§. 31. Le Droit en vertu duquel ce rétablissement s'opere, s'appelle le Droit de *postliminie*.

§. 32. Le butin & les choses mobiliaires ne sont pas soumis au Droit de *postliminie*, à moins qu'ils ne soient recouvrés incessamment; on fixe communément le tems de 24 heures. De-là le Droit de *Recousse*.

§. 33. Les Prisonniers de guerre relâchés sur leur parole, ne jouissent pas du droit de *postliminie*.

§. 34. Les sujets ne peuvent pas commettre des hostilités sans ordre de leur Souverain.

CHAPITRE XIII.

Des Conventions qui se font durant la guerre.

§. 1. TOUTES les Conventions faites pendant la guerre doivent être saintement observées.

§. 2. La *Treve* differe de la *suspension d'armes* en ce que la premiere se fait pour un tems considérable, & l'autre pour un terme très-court.

§. 3. Il y a des treves *générales* & des treves *particulieres*.

§. 4. Les premieres ne peuvent être conclues que par le Souverain ; les autres peuvent l'être par les Généraux.

§. 5. Les treves ne ſont obligatoires que du moment où elles ont été publiées à l'endroit où elles doivent être obſervées.

§. 6. Qui viole la treve & refuſe d'en faire réparation, la rompt de fait.

§. 7. Pendant la treve chacun peut faire chez ſoi ce qui lui étoit libre de faire en pleine paix.

§. 8. Mais on ne peut pas faire au préjudice de l'Ennemi, ce que les hoſtilités ne permettent pas d'exécuter en ſûreté.

§. 9. Les hoſtilités recommencent auſſitôt que la treve eſt expirée.

§. 10. Les *Capitulations* des places aſſiégées ſont une eſpece de Convention militaire.

§. 11. Elles obligent le Souverain quand les Généraux qui l'ont conclue n'ont pas excédé leurs pouvoirs, qui ne s'étendent pas au-delà de la poſſeſſion de la place & du ſort de la garniſon.

§. 12. Le *ſauf-conduit* s'accorde aux ennemis, le *paſſeport* aux perſonnes qui ne ſont pas ennemis.

§. 13. Le ſauf-conduit ne peut pas ſe tranſporter d'une perſonne à l'autre.

§. 14. Il donne la plus grande ſûreté à celui qui en eſt muni; mais il doit être ſtrictement interprété.

§. 15. Le ſauf-conduit donné pour un tems marqué, expire au bout du terme.

§. 16. Les Conventions pour la délivrance des Priſonniers de guerre, s'appellent *Cartels.*

§. 17. Des Priſonniers délivrés avant que d'avoir été remis en liberté, ne ſont pas ſoumis à la Loi du Cartel.

CHAPITRE XIV.

De la Guerre civile.

§. 1. On appelle *Rébelles* tous ſujets qui prennent leurs armes contre leur légitime Souverain.

§. 2. On appelle *Emotion populaire* une aſſemblée tumultueuſe du Peuple.

§. 3. Quand ces mouvemens violens ſont dirigés contre les Magiſtrats, c'eſt une *ſédition.*

§. 4. Une ſédition ſoutenue de maniere que le Souverain ne ſoit plus obéi, s'appelle *ſoulevement.*

§. 5. Un ſoulevement pouſſé juſqu'à prendre les armes contre ſon Souverain, devient une *guerre civile.*

§. 6. Le Souverain eſt obligé de tenir ce qu'il a promis aux Rébelles.

§. 7. La guerre civile differe de la *Rébellion* en ce que celle-ci eſt un ſoulevement dénué de toute apparence de juſtice.

§. 8. La guerre civile fait naitre deux partis indépendans.

§. 9. Ils doivent obſerver les Loix de la guerre.

§. 10. Les Nations étrangeres ne peuvent ſe mêler des guerres civiles d'un Etat, que lorſque les Rébelles ſe ſont déclarés indépendans.

FIN.

A COLMAR,
de l'Imprimerie de JEAN-HENRI DECKER,
Imprimeur du Roi.

www.ingramcontent.com/pod-product-compliance
Ingram Content Group UK Ltd.
Pitfield, Milton Keynes, MK11 3LW, UK
UKHW021224230726
13926UKWH00003B/1229